AF316158

LE PÈRE SIMON A. CUNHA S.J.

(OU LI YU-CHAN)

吳 歷 漁 山

L'HOMME ET L'ŒUVRE ARTISTIQUE

PAR LES

PP. M. TCHANG

ET

P. DE PRUNELÉ S.J.

CHANG-HAI

IMPRIMERIE DE T'OU-SÉ-WÉ

—

1914

LE PÈRE SIMON A. CUNHA S.J.

(OU LI YU-CHAN)

吳　歷　漁　山

—⊹⋅:⋆❋⋆:⊹—

L'HOMME ET L'ŒUVRE ARTISTIQUE

PAR LES

PP. M. TCHANG

ET

P. DE PRUNELÉ S.J.

CHANG-HAI

IMPRIMERIE DE T'OU-SÈ-WÈ

1914

NOTICE SUR LE PÈRE A CUNHA.

Ou Li 吳 歷, soit *Ou Yu-chan* 吳 漁 山, ou de son nom poëtique *Mé-tsing tao-jen* 墨 井 道 人 «sage au puits d'encre» naquit à *Tch'ang-chou* 常 熟 (au *Kiang-sou*) l'an 1631, 4° année de *Tch'ong-tcheng* (dynastie des *Ming*). Il perdit son père de bonne heure, mais sa mère, femme droite et entendue, sut cultiver les dispositions naturelles de son enfant, en l'entourant de maîtres distingués dans les lettres et les arts.

Tch'en K'io-yen 陳 確 菴, homme intègre et licencié renommé, sut faire partager à son élève, en même temps que son amour pour l'étude, un mépris profond pour les relations mondaines. *Ts'ien Mou-tsai* 錢 牧 齋 (c.-à-d. *Ts'ien K'ien-i* 錢 謙 益) eut le département de la poësie. Le jeune *Ou Li* devait plus tard lui faire honneur et mériter de son maître l'éloge le plus flatteur : «Partout, disait celui-ci, la pensée de *Ou* est claire, et la forme de sa composition est expressive et vigoureuse». A la poësie s'ajoutait un penchant inné pour la musique. *Tch'en Ming-yuen* 陳 砥 阮 lui enseigna la cithare chinoise (dont les cordes d'airain sont disposées en forme de violon européen). Et là encore comme ailleurs se révéla le tempérament d'artiste de notre *Ou Li*. Mais ce fut surtout son pinceau qui le rendit célèbre; il est encore de nos jours un des peintres, les plus goûtés de la Chine.

Wang Yen-k'o 王 煙 客 lui donna les premiers principes de l'art. Il y fit de si rapides progrès que de l'aveu d'un de ses contemporains il laissa loin derrière lui tous ceux qui lui avaient servi de modèles. Il s'appliqua d'autant plus à ses compositions qu'il trouvait là, grâce à son talent, des subsides suffisants pour entretenir sa famille, qui était pauvre. Mais son désintéressement était si grand, qu'une fois les siens à l'aise, il cessa de rien produire.

Il avait épousé une personne respectable qui lui donna deux filles. Sa mère étant venue à mourir, le chagrin qu'il en ressentit, se manifesta chez lui par une tristesse profonde dont il ne se départira guère, et qui le détachera plus que jamais des vains honneurs du monde. Ce fut probablement sur ces dispositions salutaires que vint germer dans son cœur, la pensée d'un Dieu créateur, et celle d'une vie future.

Tch'ang-chou 常熟 possédait déjà alors un missionnaire autour duquel se groupait un petit noyau de chrétiens, *Ou Li* voulut connaître la doctrine du Dieu du Ciel, et bientôt des relations assidues s'établirent entre lui et le P. Couplet (Belge), de son nom chinois *Pé Yng-li* 柏應理, missionnaire de l'endroit.

La vérité ne tarda pas à se faire jour dans son âme; il demanda à se faire chrétien et fut baptisé sous le nom de Simon Xavier (1). Quelque temps après il perdit sa femme. Ses deux filles étaient déjà mariées : Aucun lien désormais ne le retenait plus. Il se sentit alors poussé de Dieu à se faire religieux. Il était âgé de 51 ans. Il s'ouvrit de son déssein au Père Couplet, curé de *Tch'ang-chou* 常熟, qui l'encouragea et lui proposa de l'accompagner dans un voyage qu'il devait faire à Rome cette année-là (1681), comme procureur de la vice-province de Chine.

Ou-li y consentit volontiers et nos deux voyageurs s'embarquèrent à *Chang-hai* pour faire voile vers l'Europe en passant par Macao. Arrivés en cette ville, ils logèrent tous deux à la résidence des Pères Portugais (2). Le supérieur averti, ne se montra pas favorable au voyage: il n'eut pas de peine à représenter au fervent néophyte la longueur et les difficultés d'une pénible navigation, et il lui offrit de commencer ses études à Macao. *Ou Li* se rangea à cet avis et le P. Couplet partit seul pour l'Europe.

---

(1) Cf. L. Pfister. Notices Biographiques et Bibliographiques p. 506 (Chang-hai 1868-1875). On n'a pas la date exacte de son baptême. Il eut lieu vraisemblablement après la mort de sa mère vers 1679 ou 1680.

(2) Ce fut à l'occasion de ce voyage qu'il composa le petit recueil de poésie intitulé *San-pa-tsi* 三巴集. (三巴 c.-à-d. écrit à San Paulo, église St Paul de Macao).

III

Ou Li commença de suite ses études de latin, et l'année suivante (1682) entrait au noviciat. Après avoir prononcé ses vœux il fit sa théologie, et fut ordonné prêtre avec deux autres séminaristes par l'évêque chinois du *Fou-kien* Mgr Lopez (1688) (1). Il avait alors 58 ans. Afin de bénéficier de la protection dont jouissaient dans l'empire les sujets Portugais il changea alors son nom contre celui de A Cunha.

Envoyé comme missionnaire à *Chang-hai* il fixa sa résidence à *Kia-ting hien* 嘉 定 縣, où pendant les 30 années que devait durer son fructueux ministère, il fut l'apôtre des siens. Malgré son âge avancé il faisait tous ses voyages à pied, et s'occupait avec une grande ferveur de la conversion des païens. Il ne parlait que des choses de Dieu. Il mourut à *Chang-hai* avec la réputation d'un saint le 24 février 1718, âgé de 87 ans. Ses restes reposent actuellement dans la cimetière des Pères Jésuites de *Chang-hai,* en dehors de la porte du Sud,

La réputation des peintures du P. A Cunha est très grande auprès des chinois connaisseurs. Tous ses manuscrits ou peintures authentiques se paient aujourd'hui des centaines de piastres. On rapporte qu'une fois religieux, poussé, je pense, par quelque scrupule de conscience, il racheta pour les brûler plusieurs de ses peintures où devait lui avoir échappé quelque indice superstitieux. Afin de réparer le mal qu'il croyait avoir fait ainsi, il composa sur Dieu, la Ste Vierge, les Anges, la Ste Eucharistie, et d'autres sujets pieux, des chants sacrés qui sont encore goûtés de nos jours (2).

---

(1) Son nom chinois *Louo Wen-tsao* 羅 文 藻, né au *Fou-kien* vers 1610, baptisé à l'âge de 16 ans par le P. Antoine de Ste Marie O.S.F. Entré au noviciat chez les PP. Dominicains de Manille il fut ordonné prêtre à 37 ans. Après le décret d'exil des prêtres Européens il exerça seul le ministère au *Fou-kien*, au *Tché-ly,* au *Tché-kiang* et au *Kiang-nan* (1665-1671). Il avait 70 ans quand il fut sacré évêque de Basilée à Canton (1685) par Mgr Bernardin della Chiesa. Il mourut en 1692. (Cf. Colombel, mission du *Kiang-nan,* 2e partie p. 390).

(2) 天 樂 正 音 義 *T'ien-io-tcheng-in-i.*

暫 永 篇 *Tsan-iong-p'ien.*

續 口 鐸 日 抄 *Siu k'eou-to-je-tch'ao,* et l'ouvrage *Mé-tsing tsi* 墨 井 集 publié par le P. Laurent Li S.J.

IV

Il nous reste le journal de sa vie écrit pendant un an par l'un de ses chrétiens lettrés, nommé *Tchao Loen* 趙 倫. Ce journal ne fait que confirmer l'immense réputation dont jouissait *Ou Li* parmi ses contemporains. «Lui et *Wang Che-kou* 王 石 谷, dit-il, éclipsaient tous les autres: mais tandis que ce dernier se laissait volontiers assiéger de solliciteurs, qui, le morceau de soie, ou le papier à la main, réclamaient un autographe, *Ou Yu-chan* 吳 漁 山 enfouissait son talent dans la solitude d'une petite ville où nul ne savait le rejoindre.»

Les chefs-d'œuvres de peinture et de calligraphie du «Sage au puits d'encre» sont aujourd'hui pour la plupart conservés précieusement chez différentes familles de lettrés à *Tch'ang-chou, Chang-hai,* ou aux environs. Six seulement sont en possession des PP. Jésuites de *Zi-ka-wei.*

宣統二年仲春月上澣上海李鍾珏平書氏謹序

掩然其用筆結構駸駸乎入大蘇之室六荳時史所
能望其肩背耶窘歲益秋余科同志設書畫社
於味菰園名人翰墨薈萃一時而先生手蹟寥寥
不數觀於虞吉先片羽幾此天上之鳳毛斷簡
殘編猶是人間之鴻爪李君此集嘗與前刻之
詩稿咸為合璧而存其國粹也夫

余維聽松山人有言國朝畫手如王奉常王
廣州王司農王山人惲布衣吳墨井較之宋
元大家有過之無不及蓋在乾隆時已推重
若此近則四王惲吳之畫人皆知寶貴幾如
日月之經天江河之行地而余尤酷嗜漁山閣漁斯
集其殆先獲我心乎顧漁山書法雖名畫所

前之精神心力漸減而不復常存於天壤也於是
竭平生之蒐討持精鑑以品評以諸同好儷諸戚
友甚且收藏家所秘不宣示者則又輾轉以求
之多方以取之歷年以來裒然以三十餘幅雜
別其贋不厭求詳乃用泰西法攝影縮印都
為一集神采宛然豪髮無憾集既成問序於

一幀方之叢揖資乎尚已墨井道人者漁山
先生之別字也宅邊有言子墨井因自號焉
先生既工畫又眈吟嗜書善鼓琴一時推為
四絕矧詩不多作未不輕示人我宗間漁先生嘗
搜其詩稿而銳之而又恐先生之高蹈海內士
大夫所珍秘者匯之又久風流雲散得數百年

墨井書畫集序

畫學為中國之美術宗元而下如襄陽大癡
嶺鶴雲林以玉有明之唐沈文董代有傳人
各成宗派蓋阜乎藝林之前軌也沿及我
朝名流蔚起王氏四子集其大成而毘陵之
惲南田虞山之吳漁山尤流後先接踵獨樹

PRÉFACE DE M^R LI P'ING-CHOU
李 平 書 (1)

L'art de la peinture est un des plus beaux privilèges de la Chine. A partir de la dynastie des *Song* 宋 et pendant celle des *Yuen* 元 s'illustrèrent *Siang-yang* (c.-à-d. *Mi Siang-yang* 米 襄 陽) (2) *Ta-tch'e* 大 癡 (grand fou) (3), *Hoang-ho* (c.-à-d. *Hoang-ho-chan-ts'iao* 黃 鶴 山 樵) (4), *Yun-lin* (c.-à-d. *I Yun-lin* 倪 雲 林) (5). Jusqu'à la dynastie des *Ming* 明 quatre peintres jouirent d'une réputation universelle: ce furent *T'ang* 唐 (6) (c.-à-d. *T'ang Pé-hou* 唐 伯 虎), *Cheng* 沈 (7) (c.-à-d. *Cheng Che-t'ien* 沈 石 田), *Wen* 文 (8) (c.-à-d. *Wen Hen-chan* 文 衡 山) et *Tong* 董 (9) (c.-à-d. *Tong Wen-ming* 董 文 敏).

---

(1)   M^r *Li P'ing-chou*, licencié, notable de *Chang-hai*, ex-sous-préfet de *Soei-ngan hien* 遂 安 縣 au *Koang-tong*, pendant la révolution d'octobre 1911 fut proclamé administrateur civil général du *Kiang-sou* 江 蘇 民 政 總 長. Compromis à tort ou à raison dans la révolte du sud (Juillet 1913), il est aujourd'hui exilé.

(2)   *Mi Fei* 米 芾, originaire de *Siang-yang fou* au *Hou-pé*, (1051-1107).

(3)   Le grand fou, pseudonyme de *Hoang Kong-wang* 黃公望 (vers 1320-1385).

(4)   Le ramasseur de bois de la montagne de *Hoang-ho chan* au *Hou-pé*, pseudonyme de *Wang Mong* 王 蒙, originaire de *Hou-tcheou fou* au *Tché-kiang* (1179-1264).

(5)   *Yun-lin* 雲 林 nom commun de *I Tsoan* 倪 瓚 (1301-1374).

(6)   *T'ang Yn* 唐 寅, autrement dit *Pé-hou* 伯虎, et *Lou-jou* 六如, originaire de *Sou-tcheou* au *Kiang-sou* (1470-1523).

(7)   *Cheng Tcheou* 沈 周, encore appelé *K'i-nan* 啟 南, ou *Pé-che wong* 白 石 翁 (1427-1509).

(8)   *Wen Tchen-ming* 文 徵 明, ailleurs *Tchen-tchong* 徵 仲 ; de son nom, *Pi* 璧. Il était originaire de *Sou-tcheou* au *Kiang-sou* (1470-1559).

(9)   *Tong K'i-tch'ang* 董 其 昌, de son nom commun *Yuen-tchai* 元 宰, de son "hao" *Se-pé* 思 白, originaire de *Song-kiang fou* au *Kiang-sou* (1555-1636).

Chacun d'eux fit école, et ouvrit véritablement la voie de cet art à ses descendants. Si nous en arrivons à la dynastie régnante, plusieurs hommes fameux se sont déjà distingués dans l'art de la peinture : Les quatre *Wang* 王 (1) semblent vraiment être arrivés au sommet de la perfection ; *Yun Nan-t'ien* 惲 南 田 de *Pi-ling* (2) (*Tch'ang-tcheou* 常 州), *Ou Yu-chan* 吳 漁 山 de *Yu-chan* (c.-à-d. *Tch'ang-chou* 常 熟) les suivent de près, et sont de véritables champions de leur art. Si nous comparons ces deux derniers à leurs devanciers, on peut dire que, bien qu'excellents dans leur art, ils ne les égalent pas.

«Puits d'encre» est le pseudonyme de *Ou Yu-chan* 吳 漁 山. Allusion au puits d'eau noirâtre de *Yen-tse* 言 子 (un des disciples de Confucius), aïeul de *Ou Yu-chan*. Ce puits se trouvait près de sa maison. — *Ou Yu-chan*, outre la peinture où il excellait, aimait beaucoup la poésie ; il était habile calligraphe, et joueur de violon émérite. C'est ce qui lui a valu durant sa vie le titre de «Quatre excellences». Mais ses poésies sont rares, et on se les montre peu. Le Père *Li Wen-yu* (P. Laurent *Li* S. J. 1840-1911) a collectionné et édité quelques unes de ses poésies. Puis, craignant que les spécimens de calligraphie de *Ou Yu-chan*, ses peintures et ses lettres si recherchées de nos jours, ne se perdissent, il se livra à des recherches minutieuses dans les familles

(1) Les Quatre *Wang* 王:

1°) *Wang Che-ming* 王 時 敏, nom commun *Suen-tche* 遜 之, ou *Yen-k'o* 栖 客 (1592-1680).

2°) *Wang Kien* 王 鑑, nom commun *Yuen-tchao* 圓 照; pseudonymes *Siang-pi* 湘 碧 et *Jan-hiang-yen tchou* 染 香 菴 主 (1598-1677).

3°) *Wang Yuen-k'i* 王 原 祁, nom commun *Meou-king* 茂 京, ailleurs *Lou-t'ai* 麓 臺, petit-fils de *Wang Kien*, (1642-1715).

4°) *Wang Hoei* 王 翬, nom commun *Che-kou* 石 谷, ou *Keng-yen san-jen* 耕 烟 散 人, ailleurs *Ts'ing-hoei tchou-jen* 清 暉 主 人, disciple des deux précédents *Wang* (1632-1717).

(2) *Yun Cheou-p'ing* 惲 壽 平, auparavant nommé *Ko* 格, ailleurs *Tcheng-chou* 正 叔, et *Nan-t'ien* 南 田. Ses 3 pseudonymes sont : *Pé-yun wai-che* 白 雲 外 史, *Yun-k'i wai-che* 雲 溪 外 史, *Tong-yuen-k'o* 東 園 客 (1633-1690).

de lettrés, chez les mandarins, parmi ses amis et ses parents, et
trouva moyen, malgré tout le secret dont on les entourait, de se
procurer ces précieux autographes et peintures. Après beaucoup
de recherches, distinguant partout le vrai du faux, il parvint à
recueillir plus de 20 spécimens qu'il publia employant le procédé
Européen de la photo-lithogravure. Ainsi est sorti de là un chef
d'œuvre sans défaut.

C'est alors qu'il m'a demandé de faire une préface à son livre.

Les paroles de *T'ing-song-chan-jen* 聽松山人 (1) me revin-
rent alors en mémoire : «Pendant notre dynastie, dit-il, de grands
peintres se sont signalés, tels que les quatre *Wang* 四王 (2),
Ou 吳 (3) et *Yun* 惲 (4).» *Lou Che-hoa* 陸時化 ajoute que de
son temps (1776) ces six peintres étaient devenus des célébrités
surpassant ceux qui s'étaient livrés à cet art. Mais *Lou Che-hoa*
vivait sous le règne de l'Empereur *K'ien-long* (1736-1796), et si
de son temps l'on estimait déjà beaucoup ces peintres, tout le
monde s'accorde de nos jours à les déclarer aussi célèbres que le
soleil et la lune que chacun connaît dans le ciel, et que l'eau des
canaux qui coulent sur la terre.

Pour moi, toutes mes préférences vont à *Ou Yu-chan* 吳漁山.
Aussi le P. Laurent Li S.J. en faisant cette collection a véritablement bien deviné ma pensée. Quoique le calligraphe soit dépassé
par le peintre, on peut dire cependant que par la manière dont
Ou Yu-chan a su manier le pinceau et s'efforcer à reproduire trait
pour trait l'écriture de *Sou Tong-p'ou* 蘇東坡 (5), il est arrivé
à pénétrer le secret de ce dernier. Les écrivains modernes ose-
raient-il prétendre l'égaler ?

---

(1) Surnom de *Lou Che-hoa* 陸時化, de son nom commun *Jen-tche* 潤之.
Il était originaire de *T'ai-ts'ang* 太倉 au *Kiang-sou*, et auteur de l'ouvrage «Livres
et peintures vues au *Kiang-sou* et au *Tché-kiang*» 吳越所見書畫錄. Il vécut
à la fin du 18ᵉ siècle.

(2) Les quatre *Wang* 四王 cf. la note 10 de cette préface.

(3) *Ou* 吳 c'est notre *Ou Yu-chan*.

(4) *Yun* 惲 cf. la notre 11 de cette préface.

(5) *Sou* 蘇東坡 (1036-1101). *Tchang Yun-tchang* 張雲章 rapporte à ce

L'an dernier (1909) au commencement de l'automne je m'entendis avec ceux de mes amis animés du même désir, et nous fîmes dans le jardin de *Wei-choen-yuen* 味蒓園 (*Chang-hai,* Bubbling Well road, n° 143) une exposition d'art, où figuraient les peintures et autographes des hommes les plus célèbres. Mais les manuscrits de Monsieur *Ou* 吳 y étaient rares. Hélas! ces seuls débris de son talent restaient comme les plumes lustrées de l'oiseau céleste *Hong-hoang* (phénix) et seuls quelques vestiges de sa composition nous étaient laissés comme témoins de son passage en ce monde.

Le P. Laurent Li S.J. unissant à son premier recueil de poésie la collection de peintures et autographes de *Ou Li* a enchassé là deux pierres précieuses. Grâce à lui pourra se conserver désormais l'essentiel de notre littérature chinoise.

Deuxième année de l'Empereur *Siuen-t'ong* (1910), 2ᵉ lune,
Chang-hai, Li Tchong-k'io, P'ing-chou.

---

sujet une anecdote assez plaisante. « *Ou Li* 吳 歷 était allé un jour voir le préfet de la ville *Ou Hing* 吳 興 au *Tché-kiang,* et ne l'ayant pas trouvé chez-lui, sortit pour se promener. Étant entré par hasard dans une pagode il aperçut sur une pierre une inscription de la main même de *Sou Tong-p'ou* 蘇 東 坡. Aussitôt, oubliant l'objet de sa visite chez le préfet il courut plein de joie acheter du papier et un pinceau, et pendant trois jours s'appliqua uniquement à l'exacte reproduction des caractères dont il voulait posséder le secret. Pendant ce temps le préfet apprenant que *Ou Li* 吳 歷 s'était présenté chez-lui, le faisait rechercher par ses gens dans tous les quartiers de la ville, mais le maitre d'hôtel chez qui il était descendu ne put lui-même diriger ses recherches, ne sachant où il était allé, Quand notre calligraphe crut être en possession de son modèle il se retira tout heureux sans plus songer à sa visite. Cf. *Mé-tsing-tsi* 墨 井 集 édité par Le P. Li S.J, (1909 Imprimerie de *T'ou-sè-wè*) biographie de *Ou Li* par Mʳ *Tchang Yun-tchang* en 1714).

N° 1.

Situation du puits d'encre *Mé-tsing* 墨 井. Nous mettons en première page cette gravure faite d'après une photographie récente: elle montre l'état actuel du puits et du jardinet environnant.

Le puits d'encre se trouve à l'intérieur de la grande porte orientale de la ville de *Tch'ang-chou* 常 熟 *(Kiang-sou)* dans la ruelle de *Yen-tse* 言 子 巷. Auprès de ce puits était l'ancienne habitatation de *Ou Li* 吳 歷.

La bouche du puits mesure plus de deux pieds de circonférence. Au dessus il y a une petite élévation artificielle de quatre pieds de haut. A l'ouest de ce puits, il y a un kiosque où on lit des inscriptions de plusieurs lettrés célèbres des dynasties précédentes.

Pendant les troubles des rebelles à longs-cheveux, le kiosque fut démoli et le puits bouché. Tout l'emplacement se couvrit de hautes herbes. Pendant l'année *Meou-tse* de l'empereur *Koang-siu* 光 緒 (1888), le soixante-dix-neuvième descendant de *Yen-tse* 言 子 nommé *Yen Liang-hing* 言 良 鑫 rétablit le puits.

N° 2.

Tableau représentant les sapins et les nuages de la montagne *Nan-yo* 南 岳 (1) *(Hou-nan)*.

La famille *Ngai* 艾 de *Chang-hai* en est propriétaire. [tableau de salle].

Inscription.

1ère ligne. Sapins et nuages de la montagne *Nan-yo* 南 岳.

2e ligne. D'après le coup de pinceau de *Tch'ong-koei* 仲 圭 (2) en l'honneur des soixante ans de la Grande Dame *Tou* 杜, aïeule de la famille *Ngai*.

Signé : le sage du puits d'encre.

南岳松雲

擬仲圭筆法爲

艾母杜太夫人六十壽

墨井道人

---

(1) Une des cinq montagnes saintes, toujours citées :

T'ai-chan 泰 山 ou *Tong-yo* 東 嶽 au *Chan-tong*;

Heng-chan 衡 山 ou *Nan-yo* 南 嶽 au *Hou-nan*;

Hoa-chan 華 山 ou *Si-yo* 西 嶽 au *Chan-si*;

Heng-chan 恆 山 ou *Pé-yo* 北 嶽 au *Tche-li*;

Song-chan 嵩 山 ou *Tchong-yo* 中 嶽 au *Ho-nan*.

(2) *Tchong-koei* 仲 圭 c'est le *tsé* 字 (nom commun) de *Ou Tchen* 吳 鎮; son *hao* 號 (nom respectueux donné par lui-même) est *Mei-hoa tao-jen* 梅 花 道 人 «sage à fleurs de prunier».

Nᵒ 3.

Tableau représentant le kiosque en pailles du surnommé *Hoang-ho chan-ts'iao* 黃鶴山樵 (1). [Tableau à suspendre en hauteur]. La famille de *K'iu Liang-che* 瞿良士, actuellement député à l'Assemblée nationale de *Pé-king* en est propriétaire (2).

Inscription.

J'ai été témoin autrefois des pensées poétiques qu'inspirait la vue du kiosque en pailles du surnommé *Hoang-ho chan-ts'iao* (ramasseur de bois sur la montagne de la cigogne jaune). L'impression en est toujours restée dans mon cœur. Aujourd'hui, profitant des loisirs de l'automne avancé, j'en ai essayé cette reproduction, mais elle n'approche pas de la réalité.

Mé-tsing tao-jen.

黃鶴山樵　草亭詩意　曩昔見之　時時在懷　茲深秋居　暇追憶為　此糟糠未　能也　墨井道人

---

(1) C'est le *hao* 號 de *Wang Mong* 王蒙, un des quatre grands et célèbres peintres des *Yuen* vers le commencement du 14ᵉ siècle : son *tse* 字 est *Chou-ming* 叔明. On dit que *Ou Li* acquit son art peu à peu par l'imitation des quatres grands peintres des *Yuen* : dont voici les noms : le 1ᵉʳ *Tchao Tse-ngang* 趙子昂 ; le 2ᵈ *Hoang Kong-wang* 黃公望 ; le 3ᵉ *I Tchoan* 倪瓚 le 4ᵉ *Wang Mong* 王蒙 qui fut le beau-fils de *Tchao Tse-ngang*.

(2) La famille *K'iu*, qui descend du docteur Thomas *K'iu Che-se* 瞿式耜 (vers 1596-1649) ministre de l'empereur *Yong-li* 永曆 (1647-1662), possède actuellement une des plus grandes et plus riches bibliothèques de Chine, dont le catalogue souvent feuilleté par les sinologues est connu sous le titre de *T'ié-k'ing t'ong-kien leou ts'ang-chou tche* 鐵琴銅劍樓藏書志 ou bien sous l'autre titre *K'iu-che ts'ang chou mou-lou* 瞿氏藏書目錄.

N° 4.

Tableau représentant les bamboux à feuilles de palmiers [à suspendre en hauteur].

La famille *K'iu* 瞿 en est propriétaire (1).

Inscription.

Les branches et les feuilles de bamboux surnommés *Tsong* (à feuilles de palmiers) sont longues et régulièrement disposées. Des endroits où la verdure est épaisse il semble découler comme des gouttes d'ombre sur le sol. A l'arrivée soudaine du vent de mer ces bamboux ne sont pas trop fortement inclinés. Etant autrefois à Macao, j'ai moi-même remarqué cela. Voilà une pièce.

Mé-tsing tao-jen.

墨　記　曩　欹　至、滴、處、修　棕
井　此　昔　斜、亦　海　陰　整　竹
道　一　在　　　不　風　陰　蒼　枝
人　則、墨、予　甚　驟　欲　翠　葉、

(1) Voir la note n° 2 du tableau 3.

Nº 5.

Copie d'un tableau de *K'iu-jan* 巨然 (1) reproduisant un paysage par un jour de beau temps, après une longue pluie, auprès de montagnes d'été [En cahier].

Inscription.

— Comme ci-dessus. —

le 10 de la 3e lune

Ou Li.

巨然夏山雨霽圖
三月十日吳歷

------

(1) *K'iu-jan* est un bonze artiste peintre des *Song* 宋 Nankinois (vers 968 apr. J. C.) le meilleur imitateur des peintures de *Tong Yuen* 董源 Cf. 畫史彙傳 *Kiuen* 64 fol. 6.

N° 6.

Pastiche de l'art pictural de *Kou Tan-k'ieou* 柯丹丘 (1)
[en cahier].

La famille *K'iu* de *Tchao-wen hien* en est propriétaire.

Inscription.

(Comme ci-dessus).

l'année *Sin-yeou* 1621
ou 1681 apr. J.C. 4ᵉ lune
Yu-chan-tse.

擬柯丹丘畫法

辛酉四月漁山子

---

(1) C'est le *hao* 號 de *Kou Kieou-se* 柯九思 des *Yuen* ; son *tse* 字 nom commun, était *King-tchong* 敬仲. Natif de *T'ai tcheou* 台州 au *Tché-kiang*, il se donnait le pseudonyme de *Tan-k'ieou cheng* 丹邱生 (1312-1365) Cf. 畫史彙 傳 *Kiuen* 22 fol. 10.

N° 7.

Tableau représentant une belle matinée de printemps au milieu des lacs et des montagnes.

(tableau de salle — voir la collection de *Chen-tcheou kouo-koang tsi* 神州國光集 N° 9, réclame des peintures reproduites).

Inscription.

— Indication du tableau (comme ci-dessus).

— Au printemps en vue d'un lac lointain entourant les murailles extérieures de la ville. La porte s'ouvre au bord d'une petite baie. La salle basse est entourée de maisons sur trois côtés.

La ruelle qui y mène est étroite et resserrée comme une corde de terre.

Les fleurs que j'ai achetées sont encore fraîches au bout de la grande baguette qui sert à les porter.

Je compose des vers tout neufs sur le dos d'un âne.

Mes hôtes repartent enivrés, et trouvant qu'il fait chaud, se dispersent dans le voisinage.

J'offre cette poésie à M* *Tchao Ya* en l'honneur de l'inauguration de sa nouvelle demeure.

Prière de corriger ce que j'ai écrit.

le 15 de la 1ère lune de l'an 1681.

Yu-chan-tse Ou Li.

正　招

湖山春曉圖
帶郭遠湖春
門開曲水濱
堂低三面屋
巷窄一條塵
花買擔頭活
詩徵驢背新
到來逐醉客
知暖散比鄰
此予贈
崖先生新居
之詩并書請
辛酉上元
漁山子吳歷

Nᵒ 8.

Tableau offert au vieux Monsieur *Mi-yen*.

le 4ᵉ jour de la 4ᵉ lune de l'an 1673.

(tableau de salle — Voir la collection de *Chen-tcheou kouo-koang tsi* 神 州 國 光 集 N° 9, réclame des peintures reproduites).

Inscription.

L'année *Koei-tch'eou* (1673) un jour de clarté et de calme (4ᵉ jour de la 4ᵉ lune). Dédié au vieux Monsieur *Mi-yen*.

Wou Li de *Yen-lin*

癸丑清和　朝日爲　密菴老先生　延陵吳歷

Nº 9.

Reproduction de montagnes et d'eau avec pièce de vers en l'honneur des soixante-dix ans de Monsieur *Se-mé*.

(tableau de salle ; possession de la famille *Li P'ing-chou* 李平書 de *Chang-hai*).

Inscription.

Le vaillant vieillard âgé de soixante-dix ans voit ses sourcils et sa barbe blanchir de plus en plus. Durant toute sa vie il a cherché l'érudition, sans tenir aucun compte de son grand âge.

On peut en conclure l'importance de la doctrine qui demeure, tandis que passe la splendeur de son jeune âge; et il faudrait faire cas des moindres parcelles de temps pour arriver à s'instruire. Celui qui se livre ainsi à la poésie et à la peinture prolonge sa vie d'autant.

Pièce de vers et peinture en l'honneur des 70 ans de Monsieur *Se-mé*, mon condisciple.

Mé-tsing tao-jen.

皓白鬚眉七十強、
平生學道壽都忘、
可知道在年光去、
能惜分陰爲道忙、
詩畫壽
思默同學先生七十
墨井道人

Nᵒ 10.

Tableau représentant le jardin d'un salon d'études intitulé
«l'encens du ciel.»

(la famille *Li P'ing-chou* 李平書 de *Chang-hai* en est
propriètaire).

Inscription.

Reproduction du salon d'études «Encens du Ciel» un jour
d'automne de l'an 1710.

A l'imitation du coup de pinceau de Monsieur *Kouo Ho-
yang* (1).

Yu-chan Li.

漁山歷　筆法　擬郭河陽　庚寅秋日　天香書屋圖

---

(1) 郭河陽 ce fut très probablement le *Hao* attribué par les lettrés à *Kouo
Hi* 郭熙, des *Song* 宋 vers le 10 siècle Cf. 歷代畫史彙傳 *Kiuen* 60 fol. 7.

乾坤一草亭　叔明
画法　墨井老人

N° 11.

Un kiosque de paille entre ciel et terre.
(voir la cellection de *Chen-tcheou-kouo-tsi*).

Inscription.

Un kiosque de paille entre ciel et terre.
A l'imitation du coup de pinceau de *Chou-ming* (1).

Mé-tsing tao-jen.

墨　叔　乾
井　明　坤
道　畫　一
人　法　草
　　　　亭

---

(1) *Chou-ming* 叔明 est le *tse* 字 de *Wang Mong* 王蒙 des *Yuen*. (Voir la note 1 du N° 3.)

Nº 12.

Bamboux et Rochers.

(tableau de salle ; possession de la famille *Kou* 顧 de *Nan-hoei* 南滙).

Inscription.

Tendresse et ombrage se trouvent au milieu de mille montagnes et de dix-mille bamboux.

L'habitant des montagnes s'est réveillé en sursaut pendant la nuit, et il a entendu tomber la pluie et gémir le vent d'automne.

D'après la peinture d'un éventail de *Tchang* (1).

Mé-tsing tao-jen.

窈窕復蒙籠、
千山萬竹中、
山人夜驚起、
秋雨又秋風、
模章扇畫
墨井道人

---

(1) *Tchang* 章 fut un artiste peintre célèbre de la fin du 5ᵉ, et du commencement du 6ᵉ siècle. Sa spécialité était de peindre les éventails. Son nom est *Tchang Ki-pé* 章繼伯. Cf. 畫史彙傳 *Kiuen* 30 fol. 1.

N° 13.

Tableau représentant les montagnes d'automne [à suspendre dans une grande salle].

Fong-yu leou 風 雨 樓, nom de la bibliothèque de Monsieur *Teng Che* 鄧 實 de *Koang-tong*, éditeur des collections du *Chen-tcheou Kouo-koang-tsi* 神 州 國 光 集, et propriétaire de ce tableau.

Inscription.

Le vieux Monsieur a construit sa maison sur le haut d'une montagne d'automne. Les teintes sont celles de l'automne, et la lumière est diffuse au premier et à l'arrière plan. Des rouleaux de peintures de *Yu* remplissent la maison en pierre (c.-à-d. la bibliothèque); et des milliers de sapins splendides garnissent le devant d'une maison en pailles. Les souliers en feuilles de palmier, et les chapeaux en feuilles d'amygdalus, sont faciles à entretenir. Secouant son sommeil, il (le vieux Monsieur) se lève quand [déjà] le soleil d'Occident darde ses rayons sur les portes de paille. En quête de sites pittoresques, au sein d'une vie cachée on oublie les années et le temps. En mangeant des plantes de longue vie et en cultivant les herbes précieuses «*Tche*», on change de mine et on se sent rajeunir. [Quant à moi] depuis des années j'ai bercé ce rêve, sans pouvoir entrer en relation avec personne. [Dans mes voyages] les eaux du royaume *Tch'ou (Hou nan* et *Hou pé)* se sont mêlées aux brouillards du royaume *Ou (Kiang-sou).* Puissé-je d'un bond pénétrer par delà ces amoncellements de rochers, et, serrant la main de mes amis, gémir au milieu des excavations des montagnes, [telles qu'elles s'offrent à nos regards] durant l'automne ! D'où vient si à propos cette cigogne blanche porteuse de cocons couleur de neige (rouleaux d'étoffe de soie) ? C'est sans doute un envoi de ce vieux Monsieur, lancé du pied d'un sapin. Il s'en échappe l'odeur fine d'une exquise poésie.

— 14 —

En déployant ce rouleau, apparaissent tout d'abord des nuages disséminés çà et là. Pour moi, saisissant le pinceau je cherche à reproduire immédiatement ce paysage de montagnes [prises en un jour] d'automne. La réalité, je ne l'ai pas vue, mais j'ai pourtant saisi quelque chose de son secret.

J'arrête là mon pinceau sentant venir le vent. Je déploie mon rouleau et je le contemple longtemps. [Rien qu'à le voir] j'ai l'illusion de me sentir caressé en plein visage par la brise d'automne.

L'année I-mao (1675) pendant la lune d'été.

Copié par Mé-tsing tao-jen.

阿翁結屋秋山巔秋色秋光紛後前
禹軸圖書充石閣千章杉檜罨苒簷
棕鞋桐帽易理料睡起柴門日西照
搜奇選隱忘歲華服木養芝顏轉少
幾年夢想未即通楚水吳煙兩渺濛
安能一躍入層巘握手仰嘯秋山空
何來白鶴傳雪繭却是阿翁松下遣
秀韵幽香裹素函展時先有雲舒卷
揮毫隨寫秋山圖眞境未窺私範模
風前閣筆披對久滿面只覺秋蘇蘇

乙卯夏月墨井道人臨

Nᵒ 14.

Paysage de montagnes et d'eaux. En exergue, essais de critique sur quelques artistes peintres [en cahier].

(la famille *Ngai* 艾 de *Chang-hai* est propriétaire de cette peinture).

Inscription.

Nan-kong (1) avait la spécialité des vastes étendues ombrageuses ; cependant «ses os» (pseudonyme dont on le désignait) excellaient naturellement en peu d'objets.

Yun-lin (2) avait un talent spécial pour peindre les solitudes. Sobre d'encre, son génie apparaissait surtout dans la reproduction des différentes roches.

La spécialité de *Tse-kieou* (3) était la rigidité semblable au rocher. Son coup de pinceau était riche et fortement accentué.

Les 3 peintres qui prendraient *Pé-yuen* (4) comme patron et comme modèle se feraient en même temps les imitateurs de *Lin-tsi* (5) et *Yun-men* (6).

Ou Li.

南宮(1)空濛、而骨自疎秀、雲林(2)蕭澹、而氣自磅礴、子久(3)自碟砢、而姿自華潤、三家之宗北苑、(4)若臨濟(5)雲門(6)也、

吳歷

---

(1) *Nan-kong* (南宮) surnom de 米芾 *Mi Fei*, de la dynastie des *Song* 宋 (1051-1107). Cf. 畫史彙傳 *Kiuen* 45 fol. 19.

(2) *Yun-lin* surnom de *I Tsoan* 倪瓚 de la dynastie des *Yuen* 元 (1301-1374). Cf. 畫史彙傳 *Kiuen* 11 fol. 19.

(3) *Tse-kieou* c'est-à-dire *Hoang Kong-wang* 黃公望 (son surnom est 子久 *Tse-kieou*). Il est connu aussi sous le titre de *Ta-tch'e* 大癡 (grand fou) sous la dynastie des *Yuen* 元 (1179-1264). Cf. 畫史彙傳 *Kiuen* 28 fol. 4.

(4) *Pé-yuen* c'est-à-dire *Tong Yuen* 董源 10ᵉ siècle après J.C. Cf. 畫史彙傳 *Kiuen* 41 fol. 2.

(5) *Lin-tsi* 臨濟 fut un bonze de la dynastie des *Song* 宋 vénéré par le bonze *Pao-cheou* 保壽 son élève Cf. *Lao-hio-yen pi-ki* 老學菴筆記 *Kiuen* 10 fol. 12.

(6) *Yun-men* 雲門, porte de la ville de *Yun-yang* 雲陽, dépendance de *K'i hien* 祁縣 près de *T'ai-yuen fou* au *Chan-si* 山西.

Lin-tsi et *Yun-men* sont dignes d'être respectés et imités.

N° 15.

Paysage accompagné d'une courte pièce de vers composée
suivant un mode antique [en cahier].
(la famille *Ngai* 艾 de *Chang-hai* en est propriétaire).

Inscription.

En soi il n'y a pas diverses formes de montagnes et d'eaux.
Le pinceau suit les pensés de l'homme qui promène le sombre et
le profond.

D'après un modèle antique ; un soir, près d'une fenêtre.

Ou Li.

山水元無有定形、
筆隨人意運幽深、
晚窗擬古

吳歷

Nᵒ 16.

Vers et peinture dédiés aux anciens.

Tableau représentant une vallée au milieu des montagnes [en cahier].

(la bibliothèque de Zi-ka-wei en est propriétaire).

Inscription.

Après avoir commencé à étendre de l'encre sur ce tableau je me disais que le début en était riche et abondant. A seconde vue au contraire, je trouvai mon esquisse touffue et sans idée.

Suivant les poètes j'ai fait cette peinture comme épigraphe et comme supplément à ma poèsie. Je crois profondèment que l'art antique n'est pas facile à imiter.

Ou Li.

此圖初落墨時，自謂渾淪，及後反逼仄無情，因詩家畫跋補空，深信古人之不易畫也，

吳歷

N° 17.

Lointain de montagnes pendant une journée d'été [en cahier].
(l'original est à la bibliothèque de Zi-ka-wei). .

Inscription.

Craignant les pays malsains, maladif, je les fuyais.

Mon habitation était claire aux jours d'été.

Les froids étangs, étalaient leurs eaux limpides sur une étendue de cent K'ing (1).

En face, dans le lointain, des montagnes se dressaient en zigzag.

Ou Li.

畏景病相避。
吾廬夏日清、
寒潭澄百頃、
斜映遠山橫、
吳歷

---

(1) Un *K'ing* 頃 contient cent «mous» 畝 de terre.

N° 18.

Autre paysage de montagnes.

Feuillé de cahier se trouvant à la bibliothèque de Zi-ka-wei.

Inscription.

Des montagnes solitaires se déploient dans le lointain.

Quel abandon! Quel abandon! Quelle solitude! Quelle solitude!

Il y a quelque chose de la réalité dans cette reproduction de montagnes et de fleuve, mais je ne sens pas dans mon coup de pinceau, et dans l'art d'étendre l'encre, cette force qui seule pourrait les représenter.

Manœuvrer la hache n'est pas habileté, non plus que se servir de la régle ne témoigne d'adresse....

Je ne dis pas que je ne le cède à un peintre plus habile, mais en attendant, j'y ai trouvé mon plaisir personnel.

Mé-tsing lao-jen.

蕭山歷落、
荒荒寂寂、
有此山水、
無此筆墨、
運斤非巧、
規矩獨拙、
非曰讓能、
斯得吾益、
墨井道人

N° 19.

Un jour d'hiver, une petite barque chargée de provisions traverse un lac.

(l'original se trouve à la bibliotheque de Zi-ka-wei).

Peinture faite par *Ou-li*.

吳
歷
作

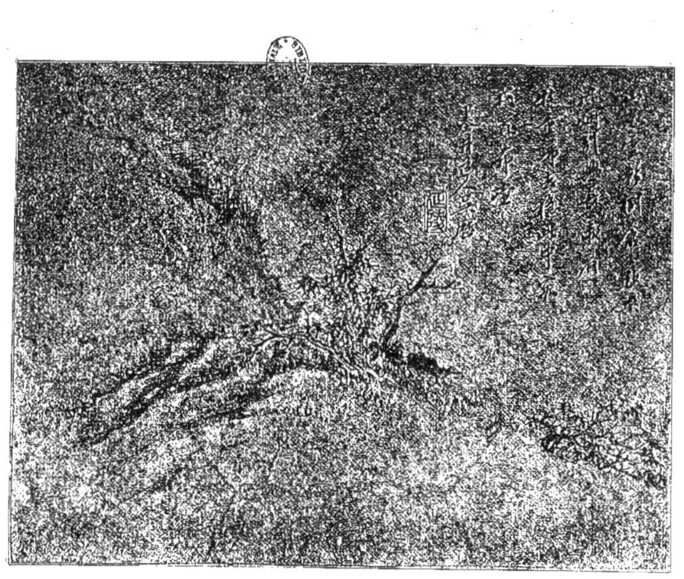

N° 20.

Tableau représentant le retour d'un bouvier sur le soir.
(la bibliothèque de Zi-ka-wei en est propriétaire).

Inscription.

Les reflets de lumière sur la montagne, l'ombre des nuages, la verdure des arbres apparaissent sous le vent et viennent marqueter la brume.

Tout cela excite en moi un grand désir de les dépeindre.

J'aperçois un bouvier qui retourne chez lui en toute tranquillité.

On a établi ici pour me loger une petite hutte en paille.

Mé-tsing tao-jen Ou Li.

此　我　點　山
中　看　染　光
客　牧　風　雲
我　童　烟　影
置　歸　引　樹
茆　去　興　蒼
堂、穩、長、蒼、

墨井道人吳歷

Nᵒ 21.

Le lac du Sud.

(l'original se trouve à la bibliothèque de *Zi-ka-wei*).

Inscription.

Il y a beaucoup de saules sur les rives du lac du Sud. La pluie fumante obscurcit l'athmosphère. Pour moi j'ai acheté une petite barque et je m'y promène. — Un coup de godille, et vous apercevez un tout autre paysage.

D'après la méthode de *Ts'ao Yun-si* (1).

Yu-chan Li.

南湖多柳，烟雨冥濛，余買小舟，往來其間，欸乃一聲，別有天地。學曹雲西法。漁山歷

---

(1) *Ts'ao Tche-pé* 曹知白, de son nom commun (*tse* 字) *Yeou-yuen* 又元, et *Tcheng-sou* 貞素, connu ailleurs sous le nom de *Yun-si* 雲西, était originaire de *Hoa-t'ing* 華亭 (*Song-kiang fou* au *Kiang-sou*) (1212-1295). Cf. 畫史彙傳 *Kiuen* 21, fol. 3, 4.

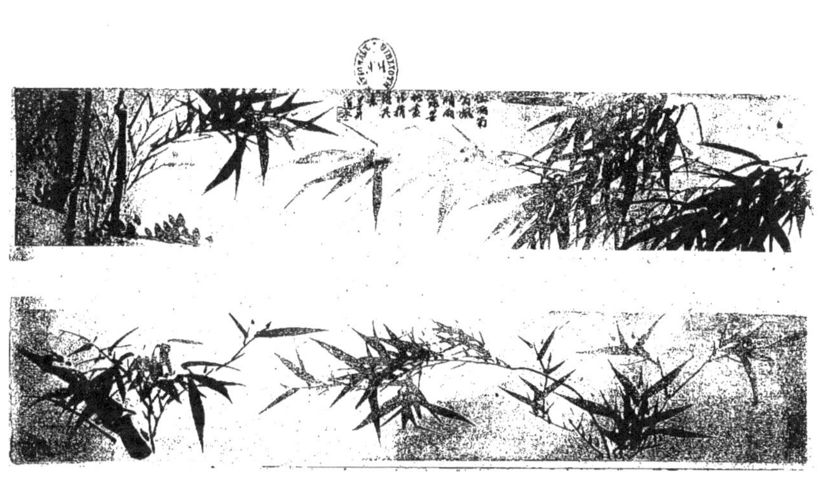

N° 22.

Bamboux peints à l'encre.

[Petit rouleau à main].

(propriété de la famille *Tchou* 諸 de *Sou-tcheou*).

Inscription.

Reproduction de bamboux pris dans quatre états différents :
Sous le vent, par un beau jour, sous la pluie et sous la rosée.
Peints à l'encre d'après M' *Souo-nan* (1) ; j'ai à peu près rénssi à
imiter son coup de pinceau.

Mè-tsing lao-jen.

墨　稍　墨　風　傚
井　得　竹　晴　所
道　其　畫　雨　南
人　意　法　露　翁

---

(1) 鄭 所 南 c'est-à-dire *Tcheng Se-siao* 鄭 思 肖 sous la dynastie des *Yuen*
元 son *tse* 字 est *Y-iuong* 憶 翁.　Originaire de *Lien-kiang* 連 江 à *Fou-tcheou fou*
(Fou-kien), il mourut au commencement de la dynastie des *Yuen* vers 1300, âgé
de 78 ans.　Cf. 畫 史 彙 傳 *Kiuen* 56 fol. 15.

N° 23.

Tableau de salon, peint en barque au départ de *K'oen-chan* *(Kiang-sou)* et représentant le sud du *Kiang*.

(propriété de la famille *Lieou* de *Ts'i-pao* 七 寶).

Inscription (du haut).

En haut est une inscription du P. Louis Hong S. J. [*Fong I Ts'ieou-fang* 馮 翊 秋 舫] (1844-1906) artiste calligraphe et poète. L'ode que le P. Hong a écrite ici, est calquée sur celle de *Mou-yu-eul* 摸 魚 兒 «l'enfant explorateur des poissons». L'auteur s'adresse à Mr *Lieou yu-hiang* (劉 雨 香) bon chrétien de *Ts'i-pao* propriétaire de cette peinture. Il dit sa grande joie de voir une peinture si rare et si précieuse.

Inscription (de *Ou Li*).

Quelques saules étalent ici et là leurs verts ombrages. Sur les montagnes verdoyantes des deux rives, émane la brume du soir. Une barque légère comme une feuille, ramène l'hôte dans sa demeure. Cette peinture me rappelle vraiment bien le *Kiang-nan* (sud du fleuve) — L'année *Kia-chen* de *K'ang-hi* (1704) un jour d'automne. Exécuté sur la barque, au départ de *K'oen-chan*.

Mé-tsing tao-jen Ou-li.

數株烟柳綠鬖鬖、
兩岸青山起暮嵐、
一葉扁舟送客去、
却從畫裏看江南、
康熙甲申秋日
畫于崑山舟次
墨井道人吳歷

Au printemps de l'année *Meou-chen* (4) (1688) en accompagnant Monsieur *Lou* (5) qui se rendait en Occident j'ai pu me rendre dans la demeure de ce sage. Avec cet homme là les poèsies et le vin faisaient passer les journées. N'est-ce pas que l'esprit et la manière de *Li Pé-hai* (6) n'étaient pas supérieurs à celà ?

Levé de bon matin je suis rentré chez moi sous la pluie. Je n'avais pas remarqué qu'aujourd'hui nous sommes déjà au 3ᵉ jour de *Tchong-yuen* (15 de la 8ᵉ lune'. Néanmoins ce cher Monsieur pense bien souvent à moi. Il m'envoie ici, au milieu des montagnes, du thé odoriférant et des sapèques pour acheter du vin.

J'ai improvisé deux strophes irrégulières de 7 caractères, et les ai ajoutées à cette copie de *Tchao Ta-nien* représentant la rive d'un lac un beau jour de printemps, pour le remercier.

Mé-tsing tao-jen Ou Li.

憶初萍跡滯婁東。傾蓋相看地海同。
正是蠶眠花未老醉聽老燕語春風。
歸來三逕獨高眠。病渴新泉手自煎。
叢菊正開霜未傲。多君先寄賣壺錢。
幬函有道先生、僑居隱于婁水、予久
懷相訪、而未遂、於辰春從遊遠西
魯先生得登君子之堂、詩酒累日蓋
北海風致不甚過矣、且起冒雨而
歸、今不覺中元之後三日也、而
先生般勤念我、惠寄香茗酒錢於山
中、予漫賦七言二絕幷圖趙大年
湖天春色以誌謝、

墨井道人吳歷

(4) Ici il manque un caractère ; probablement *Meou* 戊.

(5) Monsieur *Lou* serait probablement le Père Jean de Yrigoyen, Espagnol venu eu Chine en 1678. Cette peinture aurait donc été faite vers l'an 1688.

Le Père de Yrigoyen s'appelait de son nom chinois *Lou Je-mong Yu-tsai* 魯 日 孟 裕 齋.

(6) *Li Tch'eng* 李 成, de son nom commun *Hien-hi* 咸 熙 descendant de la famille impériale des *T'ang* 唐 vivait au commencement des *Song* 宋 (vers 910-974). Cf. 畫 史 彙 傳 *Kiuen* 42 fol. 10.

N° 25.

Copie d'une peinture de *Hoang-ho-chan-jen* (1).

[Tableau de salle] reproduit d'une photographie de la librairie de *Yeou-tcheng-chou-kiu* 有 正 書 局.

Inscription.

La pluie des nuits dernières a récemment fait monter l'eau de la hauteur d'une demi-gaffe. La petite barque se charge tranquillement de vin de sapin (sic). Les hommes des hauteurs (2) n'ont plus de rapport avec le monde. Dans une douce ivresse, ils lisent l'ouvrage poètique intitulé *Li-sao* 離 騷 (composé par un homme du royaume de *Tch'ou,* nommé *K'iu Yuen* 屈 原).

L'an *Koei-yeou* de *K'ang-hi* (1693) 3° jour après l'équinoxe de printemps je passais par la salle d'*Ing-hou-ts'ao-t'ang* (3). Avec plaisir j'y ai rencontré *Ki-tsouo* et (4) mes frères. Matin et soir je leur ai ouvert mon cœur pur. Pendant que le vent soufflait et que la pluie tombait dehors, nous étions réunis sur le même lit. A l'issue du repas où nous avons bu et fait des vers, comme j'avais quelques loisirs, on m'offrit du vieux papier, m'invitant à y faire une peinture. Alors suivant la méthode de *Hoang-ho-chan-jen* je fis cette peinture et y inscrivit une pièce de vers dont je demande la correction. La vigueur et les forces me manquent depuis longtemps, et j'ai honte de me voir si éloigné de nos anciens maîtres.

Mé-tsing tao-jen Ou Li note ceci.

---

(1) Voir la note du N° 3.

(2) *Hommes des hauteurs....* C'est-à-dire ceux qui ne fréquentent pas le monde bruyant.

(3) *La salle de Ing-hou-ts'ao-t'ang...* Probablement celle d'un chrétien lettré.

(4) *Ki-tsouo* 汲 左 très probablement le nom d'un chrétien.

夜雨新添水半篙。小紅安穩載松醪。

高人與世無還往醉向青山讀楚騷。

康熙癸酉春分三日、過隱湖草

堂、喜晤

汲左諸昆素心晨夕、風雨聯床、觴咏

之暇、出舊楮索畫爰撫黃鶴山

人法系一詩就

正、精力向衰自愧不逮古人遠甚矣、

墨井道人吳歷并識

N° 26.

Tableau représentant une salle nommé *Hong-a-chan-fang*.

(d'après une photographie éditée par la libraire *Yeou-tcheng-chou-kiu* 有正書局).

Inscription.

Tableau représentant une maison située au milieu des montagnes dans une vallée dite «vallée du phénix».

Sixième année de *K'ang-hi*, cycle *Ting-se* (1667) septième lune.

Mé-tsing tao-jen a écrit ceci.

墨井道人寫　丁巳七月　康熙六年　鳳阿山房圖

Nº 27.

Inscription horizontale *(pien* 匾) se trouvant dans la chrétienté
Kou-li-tch'oen 罟里村, famille *Lieou* de *Tch'ang-chou.*

Salle (temple) **ayant haute origine.**

<table>
<tr><td>(à gauche)</td><td>(à droite)</td></tr>
<tr><td>*Ou Li tche-ing*</td><td>*Mé-tsing*</td></tr>
<tr><td>Sceau de *Ou Li.*</td><td>Sceau de *Mé-tsing.*</td></tr>
</table>

之吳　　堂　原　有　　墨
印歷　　　　　　　　　井

有原堂

筆刻先翻榻相不妨詩月恰堪
先生貌此為善北恰書诗清
已得此書圖看拳石遍簷疎诗資
暴怪書雜圖知奇異條此絕绝
坪隐似望霞台菜芳
峰歙林明晚石

N° 28.

Poésie sur un jour d'hiver [vers de 5 caractères rimés].
(propriété de la famille *K'iu* de *Tchang-chou* (1).

Inscription.

On peut encore se réjouir en voyant la lune d'hiver. Cependant, hélas! le poète souffre trop du froid. La lumière claire permet encore de voir quelque chose ; mais on ne contemple pas souvent la scène d'une année qui touche à sa fin. Le froid pénètre les vastes espaces tout blancs. La clarté de la lune passe au travers des branches d'arbres dépouillés de leur feuillage, et tombe d'aplomb (non oblique) le long des rameaux converts de neige. Mais elle a déjà rempli d'inspirations poétiques le [cœur du] peintre et poète qui chevauche. En nous regardant mutuellement la lune et moi, je pense à la séparation d'automne. Sans sommeil, je m'afflige de la nuit qui se prolonge. En ce moment-ci je souffle pour amollir mon pinceau gelé. — Il me parait difficile de représenter dans mon tableau l'ombre laissée par la lune.

Pour célébrer la lune d'hiver. Vers dédiés au vieux Monsieur *Hiao-wong*. — Prière de les rectifier.

Ou Li.

冬月仍堪賞、詩人奈爾寒、
清輝有餘鑒、歲晚不多看、
冷透荒荒白、明翻樹樹殘、
未斜隨雪棹、先滿畫吟鞍、
相望憶秋別、無眠愁夜闌、
此時呵凍筆、影入畫圖難、
賦得寒月書似(2)
孝翁老先生　正

吳歷

---

(1) La famille *K'iu* 瞿 de *Kou-li ts'oen* 瞿里村 possède une très précieuse bibliothèque : les visiteurs n'y sont pas admis. Ceux qui demandent à consulter un livre, sont priés de rester dans un sallon à part, où on le leur apporte.

(2) Le caractère *Se* 似 est mis ici pour celui de *Fong* 奉 (offrir).

N° 29.

Différentes pensées poétiques composées en l'honneur du vieux Monsieur *Hiao-wong* — (vers de 5 caractères rimés) — l'original se trouve dans la famille *K'iu* de *Tch'ang-chou*.

Inscription.

Les montagnes deviennent de couleur vert-sombre. Le beau temps et la brume s'oublient beaucoup plus vite que la pluie elle-même. Le pêcheur se tourne et se retourne plus de trois fois, et sur la barque qui le porte il devient triste. La voile gonflée par un long coup de vent le fait avancer. Le blé est déjà récolté mais les papillons, (mangeurs de blé) sont encore là. Les livres évidés sont devenus la proie des vers qui travaillent avec ardeur. Il n'est pas nécessaire de prendre souvent le miroir en main [pour remettre en ordre] la barbe éparse qui flotte emportée par le vent comme la rosée blanche.

L'eau qui monte rétrécit à chaque instant le terrain [laissé à sec]. Les familles des environs montent sur les barques des campagnards. Sur le tronc des saules morts poussent des herbes vertes. Des melons jaunes pendent aux tiges qui grimpent [sur le toit des] chaumières basses. Le tournesol se dirigeant vers l'ombre du soleil, devient maigre. Les poisons s'étant fait entendre (sic), le vent est devenu furieux pendant la nuit. Je cherche une aiguille pour en faire un hameçon. Ma femme apprend aussi à pêcher.

Un jour de pluie à la sortie d'une ville.

Différentes pensées poétiques.

La 2ᵉ des douze pièces de vers dédiées au vieux Monsieur *Hiao-wong* — Prière de faire rectifier ces vers.

Ou Li.

山色曙蒼蒼　陰晴較雨辰　渡盤三
渡惕帆走一風長變盡娥狐在
書空竟亦忙　不須頻攬鏡　蓬鬢
任飛霜
澤國地偏窄　鄰家上野航枯
楊生草碧矮　舍莢瓜黃葵向
日陰瘦炙鳴風夜狂尋針且
作釣女亦學漁郎　兩郊雜賦十二首之二似
孝菊先生正　吳歷

山色暗蒼蒼、陰晴較雨忘、

漁盤三渡慘帆走一風長、

麥盡蛾猶在書空蠹亦忙、

不須頻攬鏡蓬鬢任飛霜、

澤國地偏窄鄰家上野航、

枯楊生草碧矮舍蔓瓜黃、

葵向日陰瘦魚鳴風夜狂、

尋針且作釣女亦學漁郎、

雨郊雜賦十二首之二

孝翁老先生正

吳歷

N° 30.

Peinture représentant des montagnes couvertes de neige 雪 山 圖, propriété de la famille *Yao*.

Inscription.

Vers le 10 Novembre 1669, à l'imitation du coup de pinceau de M^r *Li Tch'eng* (1).

Yen-ling Ou Li.

己
酉
立
冬
倣

李
成
筆
法

延
陵
吳
歷

N.B. Au bas de cette peinture se lisent les inscriptions élogieuses de trois connaisseurs : la 1ère est celle de *Lao Tch'ang-tsi Siao-chan* 勞 長 節 小 山 ; la 2e celle de *Han Koei* 韓 桂, et la 3e, celle de *Tsiao-chan Tsien-yen Ts'ing-hen* 焦 山 借 菴 清 恆 en 1831 — Nous jugeons inutile de les reproduire ici.

Ces 4 peintures de *Ou Li* se trouvent, dans l'original, faire partie d'un seul rouleau à main *(Cheou-kiuen* 手 卷*)*. Nous les avons séparées pour les commodités de la reproduction, mais on peut constater sur les bords l'endroit où elles se rattachaient les unes aux autres.

Li Tch'eng 李 成, de son nom *Hien-hi* 咸 熙 vécut au commencement de la dynastie des *Song* vers le milieu du 10e siècle. Cf. 畫 史 彙 傳 *Kiuen* 42 fol. 10.

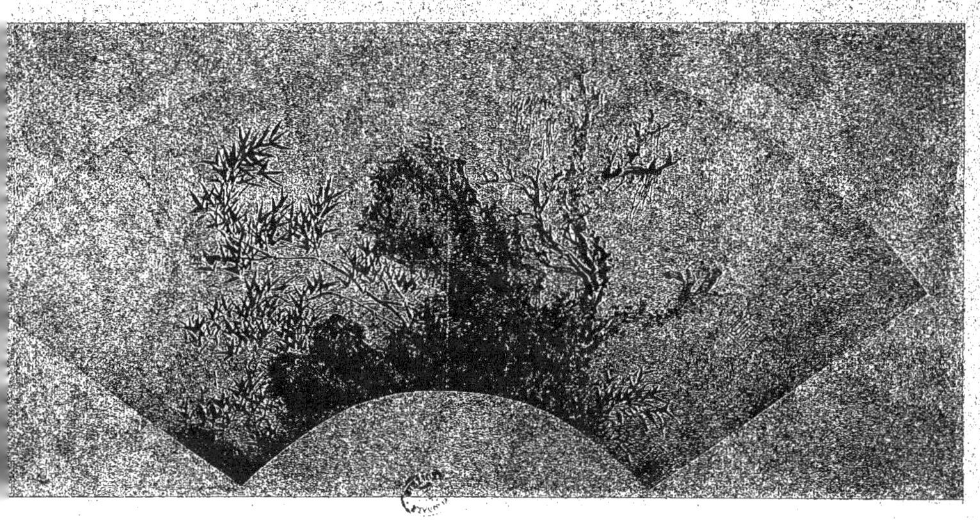

N° 31.

Peinture sur éventail inspirée de *Mei Tao-jen* 梅 道 人 (1).

Inscription.

L'an cyclique *Jen-chen* de l'empereur *K'ang-hi* (1692), 8° lune, d'après le coup de pinceau de *Mei Tao-jen.*

Le Sage au puits d'encre, *Ou Li.*

<table>
<tr><td>墨</td><td>倣</td><td>康</td></tr>
<tr><td>井</td><td>梅</td><td>熙</td></tr>
<tr><td>道</td><td>道</td><td>壬</td></tr>
<tr><td>人</td><td>人</td><td>申</td></tr>
<tr><td>吳</td><td>筆</td><td>仲</td></tr>
<tr><td>歷</td><td>法</td><td>秋</td></tr>
</table>

---

(1) *Mei-tao-jen* 梅 道 人 pseudonyme de *Ou Tchen* 吳 鎭, de son nom commun *Tchong-koei* 仲 圭 (1280-1354) Cf. 畫 史 彙 傳 *Kiuen* 7 fol. 1. Cette peinture a été publiée dans le 3° volume de la collection éditée par la librairie *Yeou-tcheng Chou-k'iu* de *Chang-hai* 有 正 書 局 扇 面 第 三 册 catégorie des éventails.

Nᵒ 32.

Pensée poètique du «vieillard aux roches blanches» *(Pé-che-wong* 白石翁) (1).

Inscription.

Des pics accumulés surplombent la rivière ; les lieux d'habitation sont dans les profondeurs. Des forêts épaisses abritent les maisons, et les arbres étalent leurs ombres.... A l'issue du morceau de guitare, la chanson finie, toutes les montagnes restent silencieuses. Cependant le murmure d'une source vient encore purifier le cœur de l'hôte.

Pensées poètiques de *Pé-che-wong* «vieillard aux roches blanches» exprimées par *Ou Li,* originaire de *Yu-chan (Tch'ang-chou).*

疊嶂迎溪住處深、
密林遮屋樹垂陰、
琴餘吟罷山齊寂、
更有泉聲淨客心、
寫白石翁詩意
虞山吳歷

---

(1) *Pé-che-wong,* pseudonyme de *Cheng Tcheou* 沈周, de son nom commun *K'i-nan* 啟南, était appelé par tout le monde *Che-t'ien sien-cheng* 石田先生 (1427-1509). Cette peinture se trouve dans le 16ᵉ volume de la collection des peintures chinoises célèbres, éditées par la librairie *Yeou-tcheng chou-kiu* de *Chang-hai* (中國名畫集第十六集).

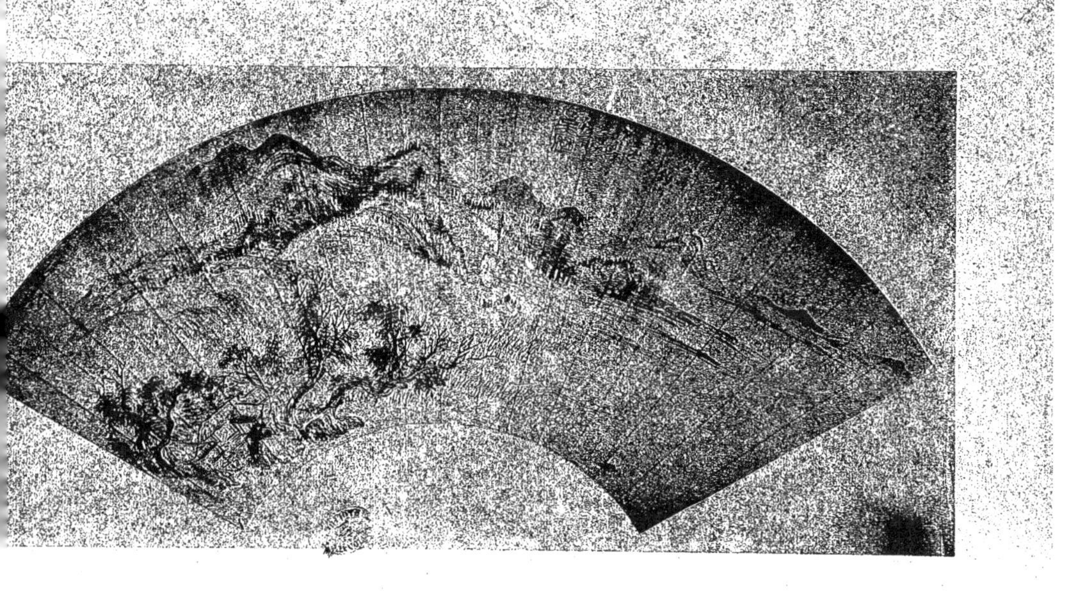

N° 33.

Un éventail peint en l'année 1661 (1).

Inscription.

Une sinuosité de lacs et de montagnes (sic) : c'est là que le solitaire prend plaisir à pêcher et à se promener.

Fait par *Mê-tao-jen*, le lendemain du 9ᵉ jour de la 9ᵉ lune de l'an cyclique *Sin-tch'eou* (1661).

Ou Li.

湖山一曲、幽人釣遊處也、

墨道人作於辛丑

重九日後一日

吳歷

---

(1) Cet éventail, peint par *Ou Li* encore païen, à l'âge de 31 ans, nous révèle déjà ses dispositions artistiques.

N° 34.

Portrait de *Wang Che-kou* avec son fils (1).

Inscription.

Tableau supplémentaire, par le sage au puits d'encre *Ou Li.*

Sceau de *Ou Li Yu-chan.*

---

(1), *Wang Che-kou* 王石谷, est le *tse* 字 de *Wang Hoei* 王翬; son pseudonyme était *Keng-yen san-jen* 耕煙散人 (l'homme qui voyage au milieu des populations agricoles), ou encore *Ts'ing-hoei tchou-jen* 清暉主人 (maître au rayon clair). C'était un artiste peintre grand ami du P. A Cunha, et d'un an plus jeune que lui. Les deux amis intimes avaient des rendez-vous presque journaliers, dans le but de s'instruire et de faire ensemble des peintures ou des poésies, Ce fut probablement dans une de ces rencontres amicales, que fut exécuté le portrait de *Wang Che-kou* avec son fils.

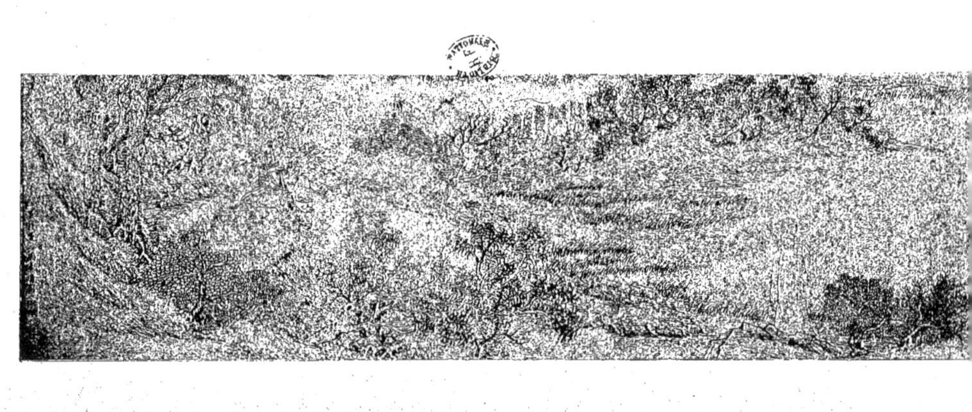

N° 35.

Vers écrits en grands caractères, à la suite du portrait précédent.

Inscription.

Trois pièces poétiques écrites correctement, d'après les rimes du tableau de *Lieou-keng* (1).

1re PIÈCE.

Depuis l'arrivée du printemps les préoccupations qu'entraînent les cocons arrêtent les rencontres et les saluts (2). Dans le jardin qui entoure la maison, les mûriers qu'on a dépouillés de leurs feuilles, se remettent à bourgeonner.... Qui donc saurait vous trouver et vous voir, si ce n'est vos pinceaux et votre encrier ? Je sais bien qu'étant encore jeune, vous aimiez votre *Lieou-keng*.

2° PIÈCE.

Des fleurs s'envolent d'une terrasse, éclairée de côté par le soleil couchant.... Un corbeau perché sur le dos d'un bœuf, suit la bête qui traverse la rivière enveloppée de brouillards. Près du pont on creuse un fossé pour amener l'eau dans un réservoir.... Demain, de grand matin, on plantera le riz dans les champs au sud du village.

3° PIÈCE.

Ce grand espace de dix «Meous» (3), qui donc viendra à bout de le cultiver en entier ? [Le meilleur ne sera-t-il pas fait par] la pluie qui connaît mieux la nature du sol, et qui se montre bien

---

(1) *Lieou-keng, fils de* Wang Che-kou. Le pseudonyme de Wang Che-kou étant *Keng-yen san-jen* 耕 煙 散 人, on a voulu appeler son fils du même nom *Keng* 耕 (cultivateur).

Ce texte laisse à penser que seule une partie des vers de ce tableau nous est parvenue : Il y avait certainement d'autres pièces poétiques jointes au tableau de *Lieou-keng ;* mais qui pourra les trouver ?

(2) Rencontres et saluts signifient les relations civiles entre les mandarins.

(3) «Meou» mesure agraire de 240 步 *(Pou)* carrés, environ 6,66 ares.

affectueuse [envers vous?] (1) Les cultivateurs et ceux qui pren-
nent soin des mûriers, désirent [les choses] comme ce tableau les
dépeint (2) ; ils ne veulent pas qu'on leur demande le prix de la
location et ils se refusent à reconnaître votre nom.

Brouillon fait par Mé-tsing tao-jen.

Sceau : *Mé-tsing tao-jen.*

Sceau de *Ou Li.*

仍韻留耕圖三首書正

春來蠶事罷逢迎繞戶園桑摘又生、

誰訪得觀維翰硯知君年少愛留耕、

一塢花飛夕照邊鴉隨牛背渡溪煙、

橋頭開引溝藏水明日村南早插田、

十畝間間誰並耕較知土性雨多情、

農桑但願如圖畫不願催租識爾名、

墨井道人藁

墨井道人　吳歷之印

---

(1) 多情 bien affectionnée, c.-à-d. la pluie seule qui peut vous rendre service
en arrosant partout, comme votre meilleure amie.

(2) Texte obscur: il est probable que le poète veut dire que les cultivateurs
et ceux qui cueillent les feuilles de mûriers aiment bien la nature telle qu'elle est
représentée ici ; mais quand il s'agit d'en obtenir le prix d'allocation, c'est tout
autre chose.

Ce tableau est suivi de 6 inscriptions :

La 1re celle de Mr *Wong T'ong-houo* 翁同龢 écrite en 1901 ;

La 2e celle de M^r *P'ong Hong-wen* 龐鴻文 écrite en 1901 ;

La 3e celle de Mr *Chao Song-nien* 邵松年 écrite en 1905 ;

La 4e celle de M^r *Ou Ta-tch'eng* 吳大澂 écrite en 1891 ;

La 5e celle de Mr *Lou Yué-tch'en* 陸樾辰 écrite en 1891 ;

La 6e celle de Mr *Wong Pin-suen* 翁斌孫 écrite en 1901.

Toutes ces inscriptions sont dites *Pa* 跋, soit en vers soit en prose.

仿顏題番耕圖三首書

正

春來農事罷迎送

户圃桑摘又生涯訪澤

觀維藉硯知去年

少愛番耕

一塢花飛夕照逐鴉

隨牛肯渡溪煙橋頭

開引潛藏水明村

南早插田

十畝閒、誰並耕鞍

知土性雨多情農桑但

顧如圖畫不顧催租

誠采名

呈井道人業

N° 36.

Tableau représentant une salle nommée *Fong-a-chan-fang* (1) avec inscription de *Wang Hoei* 王翬.

Inscription.

1°) La 16ᵉ année de *K'ang-hi* (1677), année cyclique *Koei-se*, 7ᵉ lune ; au retour de *Liang-k'i* 梁溪 *(Ou-si au Kiang-sou)*. Rentré chez-moi, je me suis rappelé ce paysage, et me suis amusé à le reproduire.　　　Signé : *Mé-tsing tao-jen Ou-tse Li.*

　　　　　　　　　Sceau : *Ou Li, Yu-chan.*

2°) *On lit sur cette peinture l'inscription suivante de Wang Hoei, ami intime du P. A Cunha, jadis possesseur de ce tableau :*

Mé-tsing tao-jen, mon condisciple, est du même âge que moi, mon compatriote et mon voisin. Depuis qu'il a fui le monde pour s'adonner à la perfection (2) je me suis mis, de mon côté, à parcourir le pays dans les quatre directions, [si bien que] nous voilà séparés l'un de l'autre [de la distance] du Sud au Nord. Et voilà longtemps que cela dure. Cependant, chaque fois qu'il m'a été donné de contempler les merveilles dues au pinceau de *Ou Li*, [je les ai trouvées] supérieures à celles de la dynastie des *Song*, et égales à celles des *Yuen :* [pour moi], elles s'acheminent vers les cîmes et planent dans les hauteurs. Habituellement je garde précieusement ce tableau près de ma poitrine (3), et ne le laisse pas se perdre.

---

(1) Cf. N° 26 : ce tableau est une nouvelle reproduction de la peinture de *Tchao Ta-nien* classée ici sous le N° 26. Nous ajoutons seulement l'inscription de *Wang Hoei.*

(2) Ici le caractère *Iny* 隱 était écrit dans le texte même, mais il est annulé par un point, et, à côté, on a ajouté le caractère *Chang* 尚 (s'élever plus haut, prendre un ferme propos dont on ne peut en rien se départir). Les deux caractères *Kao-chang* 高尚 laissent à entendre que le P. A Cunha était déjà prêtre et s'était caché pour ne pas fréquenter le monde.

(3) Réminiscence du *Tchong-yong* 中庸, où il est dit : 拳拳服膺而勿失之矣. «Je le tiens à deux mains, le serrant près de ma poitrine sans le laisser perdre».

Il est l'œuvre de *Tchao Ta-nien* (copiée par *Ou Li*). Il a déjà plus de 20 ans, mais il est encore bien conservé. Ordinairement quand je contemple le site et les allées (figurés sur ce tableau) je m'imagine être en présence d'un haut personnage qui est si clément, si doux, si paisible et simple, [qu'il semble laisser transparaître] la limpidité de ses os et de sa face (c.-à-d. de tout son être).

Cette peinture devrait être mise sur le même pied que celle de la ''Forêt du Lion'' par *Yuen-tchen* 元 鎮 et celle du ''Fleuve Hi'' par *Che-t'ien* 石田, destinées à être perpétuées dans le monde.

Je voudrais succéder à *Ou Li*, et faire une copie (de son tableau), mais je crains bien de n'y pas arriver. N'est ce pas regrettable ?

L'année *Koei-wei* (1713), 12e lune.

Signé : *Keng-yen san-jen Wang Hoei.*

鳳阿山房圖

康熙十六年丁巳七月、予從梁溪歸、

憶此寫寄、

墨井道人吳子歷山吳歷之印漁

墨井道人、與余同學、同庚、又復同里、

自其遁跡高尚以來、余亦奔走四方、

分南北者久之、然每見墨妙、出宋入

元、登峯造極、往往服膺不失、此圖爲

大年先生所作、越今已二十餘年、猶

然脱去平時畦徑、如對高人逸士、冲

和幽淡、骨貌皆清、當與元鎮之獅林、

石田之奚川、並垂天壤矣、余欲繼作、

恐難步塵、奈何、

癸未嘉平耕煙散人、王翬

N° 37.

Tableau offert à Monsieur *Mong-kou* en l'honneur de ses 80 ans.

Inscription.

Le 3e jour de la 3e lune, de l'année cyclique *Ping-tch'en* (1676) j'ai composé ces vers et fait cette peinture pour fêter les 80 ans de Monsieur *Mong-kou* en le priant d'y indiquer la rectification.

1er Vers.

Notre Monsieur habite dans un recoin, près d'une terrasse exposée au midi. Poésies, herbes, sapins et neige viennent jeter le désordre dans sa maison de paille. Durant 60 ans il fut [regardé comme le] prince éminent des réunions académiques formées par les poètes. Bien que le ciel apparaisse dévasté et la terre vieillie, les poils de son menton témoignent encore de sa jeunesse.

2nd Vers.

Le 3e jour de la 3e lune, bien repu de vin (à demi-ivre) il jubile et il chante. L'esprit héroïque de *Yuen-long* 元龍 (1) n'est pas encore calmé.... Récemment, après avoir fait vendre quelques terres, pour terminer [les affaires concernant] le mariage de ses enfants, il montrait du doigt en souriant, les cinq montagnes bien alignées, qui témoignaient de la renaissance du printemps.

Signé : *Yen-ling, Ou Li.*

(1) *Yuen-long,* est le *tse* 字 de *Tch'en Ten* 陳登 (vers 210-260). — L'esprit héroïque de *Yuen-long*... veut dire que, comme lui, *Mong-kou* ne pensait qu'à faire de grandes choses dans le monde entier, pour le bien du peuple. 陳元龍淮海之士豪氣未除 cf. 後漢書 *Kiuen* 86, voir biographie de *Tch'en K'ieou* 陳球, dans le commentaire. Cf. aussi le *Li-tai ming-hien li-niu se-sing pou* 歷代名賢列女氏姓譜 *Kiuen* 34, fol. 46, 47, 48.

丙辰春上日詩畫爲
蒙谷先生壽并正
先生家住南皐曲，
詩草松雪亂茅屋，
牛耳詞壇六十年，
天荒地老鬢猶綠，
上日酒酣歌並廣，
元龍豪氣未全平，
近將田賣了婚嫁，
笑指春生五岳行。
延陵吳歷

N° 38.

Tableau représentant une barque de retour au village, par *Mei Tao-jen* (1).

Inscription.

Tableau représentant une barque rentrée dans son village, par *Mei Tao-jen*.

«Le sage au puits d'encre» a copié cette peinture dans la salle de *Hoai-yong-t'ang*, appartenant à la famille *Hiu*, de *Tch'ang-tcheou fou* (au *Kiang-sou*).

Deux sceaux : 1er sceau : *Ou Li.*

2e sceau : *Mé-tsin-tao-jen.*

毘　墨　梅
陵　井　道
之　道　人
槐　人　村
榮　臨　莊
堂　於　歸
　　　　棹
　　　　圖

------

(1)　*Mei-tao-jen* 梅道人, abréviation de *Mei-hoa-tao-jen* 梅花道人, pseudonyme de *Ou tchen* 吳鎮 cf. la première note du N° 31.

INDEX ALPHABÉTIQUE DES NOMS PROPRES.

TABLE DES PHOTOGRAVURES.

—•⊨·⚹⚹·⊨•—

ERRATA.

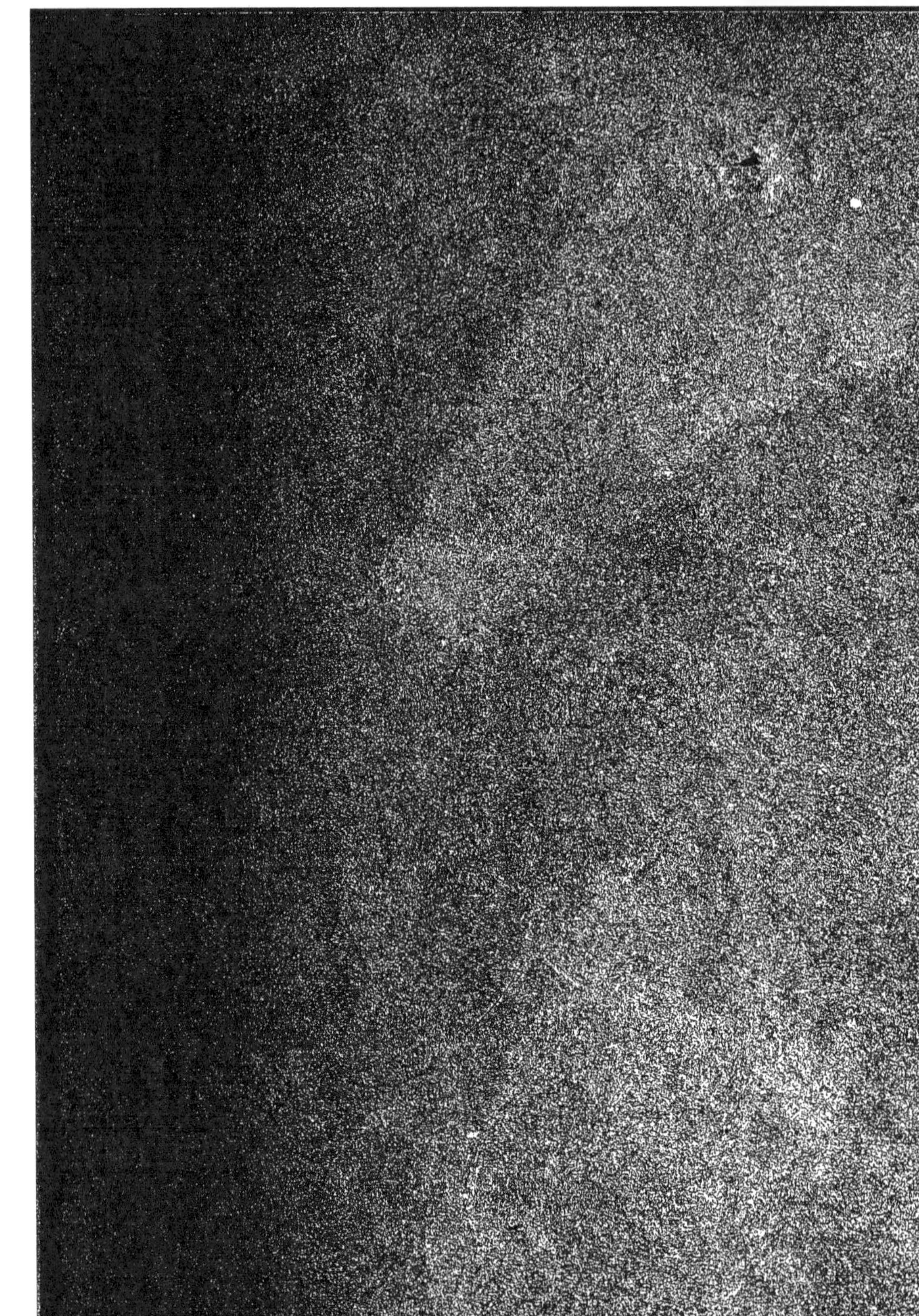

VARIÉTÉS SINOLOGIQUES. N° 38.

LA HIÉRARCHIE CATHOLIQUE

EN CHINE, EN CORÉE ET AU JAPON.

(1307-1914)

ESSAI

PAR

PÈRE JOSEPH DE MOIDREY

IMPRIMERIE DE L'ORPHELINAT DE T'OU-SÈ-WÈ

ZI-KA-WEI

CHANG-HAI

1914